Fiesta fatal

MIRA CANION

Fiesta fatal

Cover by Andres Beuschel
Chapter artwork by Alex Saldaña
Layout edited by Yajayra Barragan
Chapter photography by Mira Canion,
Manuel Cisneros, Pablo Del Río, and Edgar Godínez

ISBN 978-0-9914411-0-5
EAN-13 9780991441105

Nota de la autora

It is not easy turning 15. You feel like you are neither a kid nor an adult. Where do you fit? You don't want to be completely independent and have to support yourself. On the other hand, you don't want to live under your parents' rules.

That's why a quinceañera party is deeply treasured. It is a birthday party that resembles an elegant wedding reception. The party has several notable rituals that bridge the gap between childhood and adulthood. The birthday girl is crowned by her mother with a tiara and receives her last doll as a gift. Then her father gently removes her flat shoes and replaces them with the high-heels of womanhood. Finally, she dances the waltz with her father in one of the most touching moments of the event.

But what if this tradition were threatened? I'm referring to girls living in Michoacan, Mexico. This violent state has been experiencing civil unrest due to drug cartels and thus it is stealing the youthfulness of its residents. Its capital, Morelia, is the backdrop for my story and serves to remind us that celebrating birthdays is important and that living without fear is priceless.

Capítulo 1

Zapatos

Morelia, Michoacán, México

Vanesa Romero estaba muy impaciente. Vanesa estaba en el baño de su casa. Se preparaba rápidamente. Tenía 20 minutos. En 20 minutos Vanesa celebraría su fiesta de 15 años, una fiesta elegante y muy grande.

Ella era una chica muy atractiva. Tenía el pelo largo y de color café. Tenía el pelo con flores pequeñas y una tiara de princesa.

–¡Mamá! ¿Dónde están mis zapatos? –exclamó Vanesa impaciente.

–¡No tengo idea! ¡Niña imposible! –respondió su mamá frustrada.

Vanesa y su mamá tenían una relación conflictiva, porque Vanesa prefería a su papá. No prefería a su mamá. Julieta, su mamá, no respetaba mucho a Vanesa, porque Vanesa prefería a su papá. Vanesa causaba muchos problemas. Era egoísta y arrogante.

Pero Vanesa quería tener una relación buena con su mamá. Quería mucho tener una relación buena con Julieta. También quería el respeto de su mamá. Pero Vanesa era egoísta y prefería a su papá.

–¡Mamá! ¡Mis zapatos! –repitió Vanesa.

–¡Cállate! ¡Niña imposible! –le exclamó su mamá.

Vanesa era cruel porque su mamá era cruel. Su mamá insultaba mucho a Vanesa. Era negativa, pero Vanesa no era inocente. Vanesa insultaba mucho a Julieta, porque era arrogante. También Vanesa insultaba a las personas que no tenían mucho dinero. Las personas no respetaban a Vanesa.

En la fiesta de 15 años Vanesa quería impresionar a muchas personas. Quería impresionar a las personas con una fiesta que costaba mucho dinero.

–¡Mamá! ¿Dónde están mis zapatos? –exclamó Vanesa.

Vanesa tenía un gran dormitorio. El dormitorio tenía un baño, una cama, un sofá, un televisor y un clóset grande. Vanesa tenía mucha ropa en el clóset. Era una niña desordenada, porque tenía mucha ropa en el sofá, en la cama y en el baño. Vanesa tenía mucha ropa gracias a su papá.

Su papá se llamaba Jorge. Tenía mucho dinero y era muy generoso. Vanesa tenía una relación buena con su papá.

Morelia, Michoacán

Jorge, su papá, respetaba y adoraba a Vanesa. Y ella adoraba a su papá.

Pero Jorge tenía un secreto. Jorge era detective de la policía. En secreto, él investigaba el cártel de drogas. Trabajaba para el cártel, porque quería información. Pero Jorge tenía problemas con el cártel. Jorge estaba nervioso, porque el cártel era violento.

El cártel quería información de Jorge. El cártel tenía preguntas sobre la identidad de Jorge. Quería eliminar a su familia. Quería eliminar a Jorge también porque no era honesto. Jorge no era honesto sobre su identidad.

En ese momento Jorge no estaba en casa. Estaba con el cártel, porque el cártel quería hablar con él. Y Jorge estaba muy nervioso.

Capítulo 2

El vestido

Morelia, Michoacán

—¡**M**amá! ¿Dónde estás? ¡Mamá! —exclamó Vanesa impaciente.

—¡Cállate! ¡Tienes 20 minutos! —respondió su mamá.

—¡Mis zapatos! —exclamó Vanesa.

–¡El vestido! ¡El vestido! –respondió su mamá.

Un vestido de quinceañera

Rápidamente Vanesa se puso el vestido. A Vanesa le gustaba el vestido. Era muy elegante. Era color rosa pastel. También era largo y tenía muchos cristales. Vanesa estaba muy contenta porque el vestido era fantástico.

En ese momento su mamá entró en silencio en su dormitorio. Su mamá, Julieta, no estaba contenta. Estaba muy triste. Vanesa observó a Julieta porque estaba muy triste. Vanesa no era similar a su mamá. Julieta era baja con pelo largo y negro. Tenía los ojos negros y grandes. Era atlética y pequeña. Vanesa era alta y muy atractiva. Tenía los ojos de color café. No era atlética.

–¿Por qué estás triste? –le preguntó Vanesa.

–Tu papá... –respondió Julieta triste.

–¿Mi papá? ¿Dónde está? –le preguntó Vanesa confusa.

–Tu papá se accidentó. Un accidente mortal.

Julieta estaba en silencio. Pero Vanesa estaba en estado de

shock. También estaba furiosa porque quería celebrar su fiesta.

—¡No es posible! ¡Mi papá no se accidentó! —exclamó Vanesa.

—Sí, Vanesa. Tu papá se accidentó —explicó Julieta triste.

—No es posible. Mi papá va a celebrar conmigo durante mi fiesta —protestó Vanesa furiosa.

Pero Julieta no le respondió. *Bip-bip. Bip-bip.* El teléfono de Julieta tenía un mensaje de texto. Julieta miró el mensaje de texto. El mensaje de texto era de Manuel, un amigo de Jorge.

"Rápido. Escapa. El cártel va a tu casa. Te quiere eliminar."
Julieta estaba muy nerviosa. *amigo de Jorge*

—Vanesa, ¡necesitamos escapar! El cártel nos quiere eliminar.

Morelia, Michoacán

Michoacán, México

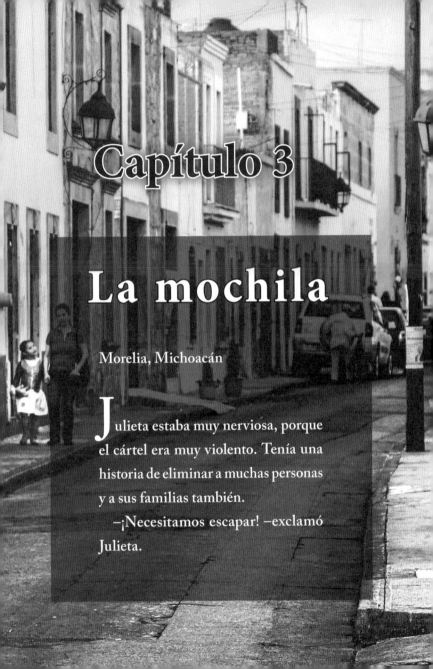

Capítulo 3

La mochila

Morelia, Michoacán

Julieta estaba muy nerviosa, porque el cártel era muy violento. Tenía una historia de eliminar a muchas personas y a sus familias también.

—¡Necesitamos escapar! —exclamó Julieta.

—¿Escapar? ¡Quiero ir a mi fiesta! —protestó Vanesa.

—¡Rápido! ¡Vamos a escapar! —repitió Julieta.

—¿Pero mi papá? ¿Y mi fiesta? —exclamó Vanesa.

—¡Vanesa! Tu papá trabajaba para el cártel —explicó Julieta. Vanesa estaba en estado de shock. Ella adoraba a su papá.

—¿El cártel? Pero mi papá es perfecto —exclamó Vanesa.

—¡Rápido! Necesitas preparar una mochila —le ordenó Julieta.

Julieta corrió a su dormitorio. Preparó su mochila. Pero Vanesa estaba furiosa. No quería preparar una mochila, porque tenía mucha ropa. Vanesa preparó una maleta súper grande.

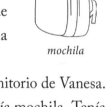

mochila

Rápidamente Julieta entró en el dormitorio de Vanesa. Tenía una mochila. Pero Vanesa no tenía mochila. Tenía una maleta súper grande. Julieta estaba furiosa, porque Vanesa tenía una maleta.

—¡Una mochila! ¡Niña imposible!

—exclamó Julieta con pánico.

—Pero tengo mucha ropa —protestó Vanesa frustrada.

maleta

—¿Y tu vestido? ¿Por qué llevas tu vestido? —exclamó Julieta.

Julieta estaba furiosa porque Vanesa llevaba su vestido de quinceañera. De repente Julieta observó un coche negro y misterioso. El coche negro pasaba frente a la casa. Dos hombres bajaron del coche negro. Los hombres corrieron a la casa.

—¡Corre! ¡Por la azotea! —le ordenó Julieta.

—¿Por la azotea? ¿Estás loca? —respondió Vanesa.

Julieta le tomó violentamente el brazo a Vanesa. Julieta y Vanesa corrieron por la cocina. No corrieron rápidamente, porque Vanesa tenía una maleta súper grande.

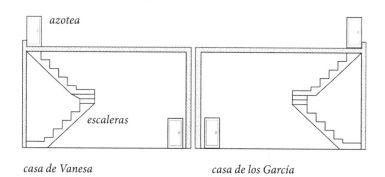

azotea

escaleras

casa de Vanesa   casa de los García

Corrieron a las escaleras. Pero no subieron por las escaleras porque Vanesa tenía un problema. La maleta era súper grande.

—¡Corre! —exclamó Julieta.

—¡Pero mi maleta! —protestó Vanesa.

De repente los dos hombres entraron violentamente en la casa. Querían eliminar a Vanesa y a Julieta. Rápidamente Vanesa y Julieta subieron las escaleras. Vanesa subió rápidamente porque no tenía la maleta súper grande.

Ellas corrieron por la azotea. Corrieron muy rápido. La azotea estaba conectada con otra casa. La otra casa era la casa de la familia García. Julieta saltó a la azotea de los García. Pero Vanesa no saltó.

—¡Salta! —exclamó Julieta.

—¡Pero mi vestido! —protestó Vanesa.

—¡Salta! —repitió Julieta.

Vanesa saltó de la azotea y flotó un poco por el aire. Después Julieta y Vanesa corrieron por la azotea de los García. La casa de los García también tenía escaleras. Julieta y Vanesa corrieron a las escaleras de los García.

En ese momento los dos hombres subieron las escaleras de la casa de Vanesa. Después los hombres corrieron por la azotea. Vanesa estaba nerviosa porque observó a los dos hombres.

Rápidamente Julieta y Vanesa bajaron las escaleras de

Una calle en Morelia

los García. Después ellas corrieron por la casa de los García. Vanesa y Julieta corrieron por la cocina y salieron de la casa. Después corrieron por la calle.

Vanesa no corría rápidamente con su vestido. Muchas personas caminaban por las calles. Las personas estaban confusas porque Vanesa corría con un vestido de quinceañera. Julieta estaba nerviosa porque era fácil identificar a Vanesa. Súper fácil.

Capítulo 4

Mercado

Morelia, Michoacán

Julieta y Vanesa corrieron rápidamente por la calle. La calle tenía muchas tiendas. Ellas pasaron por tres tiendas de ropa, un restaurante, un banco y una farmacia.

Muchas personas caminaban por la

calle. También mucho tráfico de taxis y coches pasaba por la calle.

Ellas corrieron hacia el mercado. Después entraron en el mercado para escapar de los dos hombres. Muchas personas estaban en el mercado. El mercado tenía una gran variedad de productos: comida, flores, ropa, cerámica, etc.

Inmediatamente Julieta y Vanesa corrieron a la derecha. Corrieron por una sección de comida. Pasaron por dos puestos de fruta y un puesto de pollo. Por accidente, Vanesa les pegó a muchas personas con el vestido.

market stand

Después corrieron a la izquierda y pasaron por muchos puestos de ropa. Pero no corrieron más, porque un grupo grande de chicas estaba frente a ellas. Entonces entraron en un puesto de ropa.

El puesto era un puesto de ropa para hombres. Una señora y una chica trabajaban en el puesto. Vanesa, en estado de shock, miró a la chica. La chica era Susana, una estudiante de su escuela. Vanesa insultaba mucho a

Susana porque ella llevaba ropa humilde. Vanesa estaba muy nerviosa.

—¡Quítate el vestido! —le ordenó Julieta a Vanesa.

Julieta humilló a Vanesa. Pero Vanesa se quitó el vestido. Con rapidez Julieta tomó unos pantalones negros y una camiseta de hombre. Vanesa se puso los pantalones negros y la camiseta de hombre.

La señora estaba nerviosa, porque no quería problemas. No quería el vestido en el puesto. Entonces, la señora tomó el vestido y salió del puesto. Corrió a la derecha para salir del mercado.

Un puesto de ropa

Vanesa y Julieta se escondieron debajo de una mesa. La mesa tenía mucha ropa. De repente los dos hombres pasaron por el puesto de ropa. Los dos hombres notaron que

se escondieron

Susana estaba nerviosa. Uno de los hombres le preguntó:

–Señorita, ¿una chica con vestido de quinceañera pasó por aquí?

–Sí, señor –respondió Susana.

–¿Por dónde? –preguntó el hombre.

–Por el puesto de frutas –dijo Susana.

–¡Vamos! –exclamó el hombre.

Entonces los dos hombres corrieron a la derecha. Después Susana les dijo a Vanesa y a Julieta:

–¡Escapen! ¡A la izquierda!

Vanesa y Julieta salieron del puesto. Vanesa miró a Susana pero no le dijo nada, porque estaba en estado de shock. Con rapidez Julieta y Vanesa corrieron a la izquierda. Corrieron por el mercado y salieron a la calle.

De inmediato Julieta quería tomar un taxi. Normalmente muchos taxis pasaban por la calle. Julieta miró a la izquierda y después miró a la derecha. Pasaban autobuses, pero Julieta quería tomar un taxi.

Capítulo 5

Taxi

Morelia, Michoacán

Finalmente un taxi pasó por la calle. Julieta y Vanesa subieron rápidamente al taxi.

–A la Central de Autobuses, por favor –le dijo Julieta al taxista.

–Sí, señora –respondió el taxista confuso.

El taxista estaba muy confuso. Miró a Vanesa con mucha atención. Vanesa llevaba una camiseta de hombre, pero en su pelo tenía flores pequeñas. También llevaba una tiara de princesa. El taxista miró la camiseta de hombre y la tiara. Después el taxista agarró su teléfono y escribió un mensaje de texto.

Julieta estaba nerviosa. Quería bajar del taxi porque posiblemente el taxista trabajaba para el cártel. *Bip-bip.* *Bip-bip.* El teléfono del taxista tenía un mensaje de texto. El taxista miró el teléfono. No miró la calle. De repente un coche chocó con el taxi. El teléfono saltó por el aire. Vanesa agarró el teléfono y miró al taxista. No se movió nada.

Bip-bip. El teléfono del taxista tenía un mensaje de texto. Vanesa miró el mensaje con mucha atención:

"¿Están Julieta y Vanesa en el taxi?"

—¡Mamá! —exclamó Vanesa con pánico.

—¿Qué pasó? —preguntó Julieta.

—Mira el mensaje —dijo Vanesa.

Julieta confirmó que el taxista trabajaba para el cártel.

—Escribe un mensaje —le ordenó Julieta.

—¿Con el teléfono del taxista? —respondió Vanesa confusa.

–Sí. Escribe que vamos hacia el aeropuerto –dijo Julieta nerviosa.

–¿Qué? ¿Vamos al aeropuerto? –preguntó Vanesa.

–No, no. Es información falsa –explicó Julieta.

Vanesa respondió al mensaje: *"Sí y vamos al aeropuerto."* Después Julieta miró la tiara en el pelo de Vanesa.

–¡Rápido! ¡Quítate la tiara y las flores! –le ordenó Julieta.

De inmediato Vanesa se quitó la tiara. Se quitó las flores también. Después Vanesa miró al taxista. El taxista no se movió nada. Pero de repente el taxista agarró el teléfono y miró cruelmente a Vanesa.

Una calle con muchas combis

–¡Corre! –exclamó Julieta.

Vanesa y Julieta bajaron del taxi y corrieron por la calle. Corrieron por 20 segundos. Después entraron en una calle con muchas combis. Las combis eran parte

La catedral

del transporte público. Vanesa y Julieta subieron a una combi.

–¿Vamos a la Central de Autobuses? –preguntó Vanesa.

–No. No es una buena idea –respondió Julieta nerviosa.

La combi pasó por la catedral. Frente a la catedral un señor subió a la combi. El señor tenía una tiara en la mano. Julieta y Vanesa estaban nerviosas. Después una chica subió a la combi. La chica tomó la tiara.

–Gracias, papá –le dijo la chica a su papá.

Vanesa miró a Julieta contenta. Julieta estaba contenta también. Vanesa respetaba a su mamá un poco más. No completamente, pero sí un poco más.

Julieta y Vanesa tomaron la combi por 15 minutos.

Después bajaron de la combi. Caminaron a la casa de señor Sandoval. El señor Sandoval era un amigo de Julieta que tenía un coche rápido.

Rápidamente Julieta y Vanesa salieron de Morelia con el señor Sandoval. Salieron de Morelia en coche. Fueron a México, D.F., la capital de México. Después Julieta y Vanesa tomaron un autobús en México, D.F. y fueron en autobús a Ciudad Juárez.

Juárez — muy violento

Central de Autobuses, México D.F.

Capítulo 6

El restaurante

Ciudad Juárez, México

Julieta y Vanesa tomaron el autobús hacia Ciudad Juárez. En Ciudad Juárez se bajaron del autobús.

—¡Quiero comer! —exclamó Vanesa.

—¡Silencio! Yo también quiero comer.

Eres una niña imposible –respondió Julieta.

Julieta tenía un problema. Quería ir a Colorado. Su primo, Edgar, trabajaba en Colorado. Pero necesitaba entrar a Texas ilegalmente. Entrar a Texas era difícil.

–Mamá, ¡quiero comer! –insistió Vanesa.

–Vamos a un restaurante –le informó Julieta.

Una amiga de Jorge trabajaba en un restaurante en Ciudad Juárez. La amiga de Jorge era experta en entrar ilegalmente a Texas. Julieta y Vanesa fueron al restaurante para hablar con ella. Entraron en el restaurante y hablaron con ella.

–Yo soy Julieta Navarra, la esposa de Jorge Romero –explicó Julieta.

–Mucho gusto. Soy Berta Montoya –les dijo Berta.

–Mucho gusto. Y yo soy Vanesa Romero –le dijo Vanesa.

–Necesitamos entrar a Texas. Es urgente –explicó Julieta.

–Perfecto. ¿Y dónde está Jorge? –les preguntó Berta.

–Se accidentó –explicó Julieta.

Julieta miró a Vanesa triste. Las dos estaban muy tristes.

–¿Murió? –les preguntó Berta en shock.

–Sí, murió –respondió Vanesa.

–Por favor, es urgente. Necesitamos entrar a Texas –insistió Julieta.

–O.K. Entramos a Texas por un túnel. En 30 minutos

—explicó Berta.

—¿30 minutos? Pero yo quiero comer —insistió Vanesa.

—¿Qué quieres comer? —le preguntó Berta.

—Enchiladas —respondió Vanesa.

—Y yo quiero un burrito de pollo, por favor —le dijo Julieta.

—Perfecto —respondió Berta y caminó a la cocina.

Después de comer las enchiladas y el burrito, Julieta y Vanesa hablaron con Berta. Hablaron del túnel. De repente dos hombres entraron violentamente en el restaurante. Julieta notó que los hombres eran del cártel.

Rápidamente Julieta tomó la mano de Vanesa y corrieron hacia la cocina. Berta también corrió con ellas. Entraron en la cocina y corrieron a la derecha. Después corrieron a la izquierda. Los dos hombres entraron en la cocina y corrieron a la izquierda. Vanesa, Julieta y Berta salieron de la cocina y corrieron por la calle.

Con rapidez Berta entró en una casa. Julieta y Vanesa entraron en la casa también. Berta corrió hacia un sofá.

—¡Rápido! ¡Bajen las escaleras! —exclamó Berta.

—¿Escaleras? —respondió Vanesa confusa.

Berta quitó el sofá. Vanesa y Julieta miraron unas escaleras secretas. Las escaleras estaban debajo del sofá.

—¡Bajen las escaleras y corran por el túnel. Un hombre

está al final del túnel, en la casa
–explicó Berta.

Colorado, Estados Unidos

–Gracias, Berta –le dijo Julieta.

Julieta y Vanesa bajaron por las escaleras y corrieron por el túnel. Rápidamente Berta puso el sofá en posición. Después corrió por la cocina y salió de la casa. Entonces los dos hombres entraron en la casa pero Vanesa y Julieta no estaban en la casa. No notaron las escaleras secretas. Salieron de la casa y entraron en una casa diferente.

En 20 minutos Julieta y Vanesa estaban al final del túnel. El túnel tenía escaleras. Ellas subieron las escaleras y entraron en una casa. Un hombre estaba en la casa.

–¿Dónde estamos? –le preguntó Vanesa.

–El Paso, Texas. Vamos a mi coche –respondió el hombre.

Salieron de la casa con el hombre y caminaron hacia el coche. Después fueron con el hombre a Colorado, porque Julieta tenía un primo en Colorado. Julieta y Vanesa estaban contentas porque escaparon del cártel. Pero también estaban tristes porque no estaban con Jorge.

Capítulo 7

La escuela

Lafayette, Colorado

El primo, Edgar, trabajaba en Lafayette, Colorado. Edgar tenía un apartamento pequeño. Él tenía 24 años. Era trabajador, serio y honesto. Tenía los ojos negros y el pelo negro y corto. Tenía una buena relación con Julieta, pero no le gustaba Vanesa. No le gustaba su personalidad.

En Colorado, Julieta no tenía dinero. Julieta necesitaba trabajar porque no tenía dinero. Vanesa no necesitaba trabajar porque tenía 15 años. Pero necesitaba ir a la escuela.

–¿La escuela pública? ¿Estás loca? –le dijo Vanesa a Julieta.

–¿Prefieres trabajar tú? –le preguntó Julieta.

–¡Pero no es posible! –exclamó Vanesa.

–¿Por qué no? –preguntó Julieta.

–¡No tengo uniforme! –respondió Vanesa.

–No necesitas uniforme, princesa –le dijo Edgar negativo.

–¿No necesito uniforme? O.K. Pero necesito mucha

Centaurus High, Lafayette, Colorado

ropa —respondió Vanesa arrogante.

—Es imposible. No tengo dinero —explicó Julieta.

Vanesa estaba triste. Después ella observó el apartamento con mucha atención. El apartamento era muy pequeño. Tenía

Salón de clases, Centaurus High

una cocina súper pequeña, dos dormitorios y un baño.

—El apartamento es muy pequeño —dijo Vanesa.

—¿Prefieres la calle, princesa? —le preguntó Edgar negativo.

—¡Cállate! —exclamó Vanesa frustrada.

A las 7:20 Vanesa fue a la escuela. Se llamaba Centaurus High. Vanesa notó muchas diferencias. La escuela no tenía un patio grande para asambleas. Los estudiantes no llevaban uniformes. Vanesa estaba triste, porque llevaba ropa humilde.

Fue a su clase de inglés básico. Estaba nerviosa porque llevaba ropa humilde. Vanesa entró en el salón de clases. Un chico súper guapo le exclamó:

—¡Aquí, guapa!

El chico se llamaba Riky. Era sociable y positivo. Era

popular especialmente con las chicas. Tenía los ojos expresivos de color café. Era alto, con pelo corto y negro. Llevaba unos jeans azules con una camiseta negra.

–Hola, guapa. ¿Cómo te llamas? –le preguntó Riky.

–Vanesa. ¿Y tú?

–Riky.

Vanesa no miró a la profesora. Ella miró a Riky. A Vanesa le gustó Riky. Y Riky miró a Vanesa románticamente. Miró el pelo largo de Vanesa. También miró los ojos de Vanesa. Después de la clase Riky le dijo:

–¿Quieres ir al cine?

–Sí. ¿A qué hora? –preguntó Vanesa.

–¿A las 6:30? –respondió Riky.

–Perfecto –dijo Vanesa.

–¿Dónde está tu casa? –le preguntó Riky.

Vanesa miró a Riky con pánico. No quería a Riky frente a su apartamento.

–Frente a la escuela –respondió Vanesa nerviosa.

–¿Frente a la escuela? –preguntó Riky confuso.

–Sí.

–O.K. Adiós, guapa.

A las 6:40 de la tarde Riky fue a la escuela en coche. Vanesa estaba frente a la escuela. Entonces fueron al cine.

En el cine, Riky tomó la mano de Vanesa románticamente. Él era un chico romántico. A Riky le gustaba Vanesa porque ella era diferente a las otras chicas en la escuela. Ella era atractiva y un poco agresiva. No tenía amigos. Riky tenía curiosidad de ella.

El cine

Después Riky la invitó a comer:

–¿Quieres ir a un restaurante?

–Sí –dijo Vanesa.

Vanesa estaba muy contenta porque Riky era similar a su papá. Su papá era positivo y miraba a Vanesa con ojos expresivos. A Vanesa le gustaba ir a restaurantes con su papá. Le gustaba hablar con su papá. Estaba triste porque no estaba con él.

Capítulo 8

Una amiga

Lafayette, Colorado

Entonces Vanesa y Riky fueron a un restaurante mexicano. Era el restaurante favorito de Riky. Se llamaba Efraín. Ellos miraron el menú. Después Riky le preguntó:

—¿Qué vas a comer?

—Las tostadas de pollo —respondió Vanesa.

—Son deliciosas —dijo Riky.

—¿Y tú? ¿Qué vas a comer? —preguntó Vanesa.

—Enchiladas con salsa verde —respondió Riky.

De repente, Mónica, una chica de la escuela, entró en el restaurante con su familia. Riky estaba nervioso. Muy nervioso. De inmediato Mónica observó a Riky y caminó hacia él.

—Hola, Riky —dijo Mónica.

—Hola, Mónica. Ella es Vanesa, mi amiga

—respondió Riky.

—Mucho gusto —le dijo Mónica a Vanesa.

—Mucho gusto —respondió Vanesa un poco negativa.

—Vanesa es de Morelia y no tiene amigos. ¿Por qué no invitas a Vanesa a tu fiesta de 15? —le preguntó Riky.

—O.K. ¿Vanesa, quieres ir? Y tu familia también. Es el sábado a las ocho —la invitó Mónica.

Mónica era una chica buena y comprensiva. Tenía mucho dinero y era popular en la escuela. Riky era el chambelán de su fiesta. El chambelán tenía que bailar con Mónica en la fiesta.

—Sí, gracias —respondió Vanesa.

—Riky es el chambelán de mi fiesta —dijo Mónica.

—Interesante —respondió Vanesa.

–Hasta el sábado –dijo Mónica y fue con su familia.

–¿Quién es ella? –preguntó Vanesa.

–Una amiga –respondió Riky.

–¿En serio? –dijo Vanesa impaciente.

–Es la amiga de mi amigo –explicó Riky.

–¿Y cómo se llama tu amigo? –preguntó Vanesa un poco frustrada.

–Me gustan tus ojos –dijo Riky romántico.

Vanesa miró a Riky contenta, porque Riky era similar a su papá. Riky comentó sobre sus ojos y respetaba a Vanesa. Entonces Vanesa quería ir a la fiesta de Mónica. Quería

El restaurante de Efraín

impresionar a muchas personas en la fiesta. Vanesa quería bailar con Riky en la fiesta, porque Riky era su chico. Quería humillar a Mónica porque Riky era su chico.

—Quiero ir a la fiesta de Mónica —dijo Vanesa.

—Muy bien —respondió Riky nervioso.

Vanesa necesitaba un vestido porque quería ir a la fiesta. Entró en el apartamento. Edgar estaba en el baño. Vanesa entró en el dormitorio de Edgar, porque quería dinero. Edgar tenía mucho dinero en su dormitorio, porque no tenía su dinero en un banco. El dormitorio estaba desordenado. Rápidamente Vanesa tomó 120 dólares de Edgar. Después fue con Riky al centro comercial. Compró un vestido elegante y zapatos humildes.

Después Vanesa entró en el apartamento con el vestido.

—¡Mamá! ¡Edgar! ¡Vamos a una fiesta de 15!

—exclamó Vanesa.

—¿Una fiesta de 15? —dijo Julieta.

—Pero tú no tienes amigos —dijo Edgar negativo.

—¿Y el vestido? —preguntó Julieta.

—Riky me compró el vestido —respondió Vanesa deshonesta.

—¿Riky te compró el vestido? ¿Quién es Riky?

—preguntó Julieta.

—Riky es mi chico —explicó Vanesa.

Capítulo 9

Quinceañera

Lafayette, Colorado

El sábado Vanesa, Julieta y Edgar fueron a la fiesta de Mónica. Era una fiesta grande con 200 personas. Las decoraciones eran perfectas. Vanesa no estaba contenta, porque Mónica celebraba una fiesta súper grande.

Ella quería celebrar su fiesta de 15 también.

La fiesta era fantástica. Un DJ tocaba música. Toda la familia de Mónica celebraba la fiesta: abuelos, tíos, padres, hermanos y primos. Muchas personas estaban frente al bufet

Un pastel grande

de comida mexicana: carnitas, tortillas, salsa. Mónica también tenía un pastel grande.

Vanesa quería separar a Riky de Mónica. Riky era el chambelán de Mónica y tenía que bailar con ella. Entonces Vanesa caminó hacia Riky. Ella le miró románticamente. Después entraron en la cocina para hablar.

Riky miró a Vanesa románticamente y le dijo:

–Estás muy guapa.

–Y tú estás muy guapo –respondió Vanesa contenta.

–Me gustan tus ojos –le dijo Riky románticamente.

En ese momento el papá de Mónica agarró el micrófono. El papá presentó a Mónica a las personas en la fiesta. Mónica quería bailar con Riky, pero él no estaba. Mónica estaba nerviosa. Pero una amiga de Mónica observó a Vanesa y a Riky. Estaban en la cocina.

—¡Mira! ¡Riky está con una chica! —exclamó la amiga furiosa.

Tres amigas de Mónica caminaron hacia Vanesa y Riky. Las tres amigas entraron en la cocina. Una amiga le exclamó a Vanesa:

—¿Por qué estás con Riky? ¡Es el chambelán de Mónica!

La amiga agarró violentamente el pelo de Vanesa. Y Vanesa agarró violentamente el pelo de la chica. Después la amiga le pegó a Vanesa en la cabeza. Rápidamente Vanesa le pegó a la amiga en la cabeza también. Entonces Vanesa le agarró violentamente el brazo a la chica.

En ese momento Mónica, Edgar y Julieta entraron en la cocina. Julieta corrió enfrente de Vanesa.

—¡Chicas! —exclamó Julieta.

—¡Súper mamá! No te necesito —dijo Vanesa cruel.

—Pero, Vanesa —respondió Julieta.

—¡Tú cancelaste mi fiesta! —exclamó Vanesa furiosa.

—Vanesa, tu papá se accidentó —explicó Julieta.

—¡Tú cancelaste mi fiesta! —le dijo Vanesa a Julieta.

—Soy tu mamá y me tienes que respetar —respondió Julieta.

Mónica estaba triste porque el papá de Vanesa se accidentó.

–¿Tu papá se accidentó? ¿En serio? –le preguntó Mónica a Vanesa.

–Sí. 20 minutos antes de mi fiesta –respondió Vanesa.

–¿Tu papá murió? –le preguntó Mónica.

–Sí, murió –explicó Vanesa.

–¿Y no celebraste tu fiesta? –le dijo Mónica.

–Mónica, ¿le permites a Vanesa celebrar su fiesta contigo hoy? –le preguntó Julieta a Mónica.

Vanesa miró a Julieta contenta. Ella notó que su mamá no era completamente cruel. Julieta realmente respetaba a Vanesa. Y ella respetaba a su mamá un poco más.

–Por favor, Mónica. Permite a Vanesa celebrar su fiesta contigo hoy –insistió Julieta.

–Es ridículo. Es la fiesta de Mónica –dijo la amiga de Mónica.

–Una fiesta de 15 años es para toda la comunidad hispana –explicó Julieta.

–Es cierto, señora. Vanesa, ¡vamos! Celebra la fiesta conmigo –respondió Mónica.

–Gracias, Mónica –le dijo Julieta.

–Tengo una tiara extra –le dijo Mónica a Vanesa.

–¡Perfecto! –respondió Vanesa.

Capítulo 10

Tiara

Lafayette, Colorado

Rápidamente Mónica y Vanesa
fueron hacia el micrófono. Entonces
Mónica agarró el micrófono y les dijo
a todas las personas:

—Buenas noches. Gracias por
celebrar la fiesta conmigo. Una fiesta

de 15 años es especial. Mi fiesta es muy especial porque yo voy a celebrar mi fiesta con Vanesa. Ella no celebró su fiesta de 15 años. Su papá se accidentó y murió.

La tiara

Mónica estaba en silencio porque estaba triste. Entonces Mónica le presentó la tiara extra a Julieta. Después Julieta puso la tiara en el pelo de Vanesa. Julieta estaba muy contenta.

–Gracias, mamá –dijo Vanesa.

Vanesa quería una relación buena con su mamá. En ese momento notó que tenía una relación buena con su mamá. Vanesa respetaba a Julieta. Y Julieta también respetaba a Vanesa. Pero Vanesa estaba un poco triste porque su papá no estaba celebrando la quinceañera con ella.

De repente un hombre misterioso entró en la fiesta. Vanesa no miró al hombre. El hombre exclamó:

–¡Vanesa!

–¿Es el cártel? –exclamó Vanesa nerviosa.

Vanesa corrió para escapar del hombre. El hombre caminó

rápidamente hacia ella. Entonces Vanesa corrió a la derecha y entró en la cocina. Pero el hombre corrió rápidamente y entró en la cocina también.

–¡Vanesa! ¡Mi niña! ¿Por qué corres? –preguntó el hombre.

–¿Papá? ¿Eres tú? ¿Papá? –preguntó Vanesa.

–Vanesa, estás muy guapa. ¡Y tus ojos! –le respondió su papá.

–¡Papá! ¡Papá! ¡No es posible! –exclamó Vanesa.

Con rapidez Vanesa corrió hacia su papá. Ella abrazó a su papá durante un minuto. Estaba súper contenta. En ese momento Julieta entró en la cocina.

–Julieta, ¡mi amor! –dijo Jorge muy contento.

–Jorge, ¡estás aquí! –exclamó Julieta.

Jorge abrazó a Julieta, porque estaba súper contento. Julieta estaba muy contenta también.

–Julieta, eres increíble. El cártel quería eliminar a mi familia. Pero tú escapaste con Vanesa –dijo Jorge contento.

–Sí, escapamos de la casa por la azotea –explicó Vanesa.

–¿Por la azotea? Increíble –respondió Jorge en shock.

–Después corrimos por el mercado –dijo Vanesa.

–Y yo no estaba en casa –dijo Jorge triste.

–No importa, papá. Mi mamá es muy inteligente –explicó Vanesa.

Jorge estaba muy contento. Abrazó a Julieta. Después

abrazó a Vanesa y a Julieta. Los tres se abrazaron.

—¿Y tu accidente de coche? —le preguntó Vanesa.

—El cártel causó mi accidente. Pero yo escapé del coche y corrí durante 15 minutos —respondió Jorge.

—¿Trabajas para el cártel? —le preguntó Vanesa.

—No, soy detective de la policía —le explicó Jorge.

—¿Detective? ¡Fantástico! —exclamó Vanesa.

—¿Y después de correr? —preguntó Julieta.

—Hablé con muchos policías y me informaron que ustedes estaban en Ciudad Juárez —respondió Jorge.

—Hablamos con tu amiga, Berta, en el restaurante —le dijo Julieta.

—Hablé con Berta también. Ella me dijo que ustedes estaban con Edgar en Colorado —explicó Jorge.

En ese momento Mónica entró en la cocina. Vanesa le dijo:

—Mónica, es mi papá, Jorge Romero.

—¿Tu papá no murió? —preguntó Mónica.

—¡No murió! —respondió Vanesa.

—Excelente. Necesitas zapatos elegantes. Tu papá tiene que ponerte los zapatos —explicó Mónica.

—Mamá, no tengo zapatos elegantes —dijo Vanesa.

—Sí, tienes zapatos —respondió Julieta.

Julieta se quitó sus zapatos elegantes.

–Tienes mis zapatos, Vanesa –dijo Julieta.

–Gracias, mamá –respondió Vanesa contenta.

Todos salieron de la cocina. Jorge quitó los zapatos que llevaba Vanesa. Después puso los zapatos elegantes en los pies de Vanesa. Jorge estaba muy contento de celebrar la fiesta.

–Eres mi princesa –le dijo Jorge a Vanesa.

–Te adoro, papá –respondió Vanesa.

Entonces el DJ tocó música especial porque Vanesa tenía que bailar con su papá. Vanesa bailó con su papá durante tres minutos. Ella estaba súper contenta. Después Vanesa

El papá le quitó los zapatos

y Jorge caminaron hacia Julieta. Vanesa abrazó a su mamá. Julieta y Vanesa estaban contentas. Súper contentas. Y finalmente Vanesa celebró una fiesta fantástica.

Ella bailó con su papá

Glosario

All words are defined only as they appear in the book.

a - to, at
abrazaron - they hugged
abrazó - s/he hugged
abuelos - grandparents
accidente - accident
accidentó - s/he had an accident
adiós - good-bye
adoraba - s/he adored
adoro - I adore
aeropuerto - airport
agarró - s/he grabbed
agresiva - aggressive
aire - air
al - to the, at the
alto/a - tall
amigo/a - friend
amor - love
años - years
antes - before
apartamento - apartment
aquí - here
arrogante - arrogant
asambleas - assemblies

atención - attention
atlética - athletic
atractiva - attractive
autobús - bus
azotea - flat roof
azules - blue
bailar - to dance
bailó - s/he danced
baja - short
bajar - to get out
bajaron - they got out, went down
bajen - go down
banco - bank
baño - bathroom
básico - basic
bien - well
bip - sound of a phone
brazo - arm
buena - good
buenas noches - good evening
bufet - buffet
burrito - burrito
cabeza - head

café - coffee, brown
cállate - shut up
calle - street
calles - streets
cama - bed
caminaban - they were walking
caminaron - they walked
caminó - s/he walked
camiseta - T-shirt
cancelaste - you cancelled
capital - capital
capítulo - chapter
carnitas - roasted pork
cártel - cartel
casa - house
catedral - cathedral
causaba - s/he caused
causó - it caused
celebra - celebrate
celebraba - was celebrating
celebrando - celebrating
celebrar - to celebrate
celebraría - would celebrate
celebraste - you celebrated
celebró - s/he celebrated
central - station
centro comercial - mall
cerámica - ceramics, pottery

chambelán - quinceañera girl's date
chica - girl
chicas - girls
chico - boy
chocó - it crashed
cierto - correct
cine - movie theater
Ciudad Juárez - a Mexican border town
clase - class
clases - classes
clóset - closet
coche - car
coches - cars
cocina - kitchen
color - color
Colorado - a state in the U.S.
combi - van
combis - vans
comentó - s/he commented
comer - to eat
comida - food
cómo - how
completamente - completely
comprensiva - understanding
compró - s/he bought
comunidad - community
con - with

con rapidez - quickly
conectada - connected
confirmó - s/he confirmed
conflictiva - conflictive
confuso/a - confused
conmigo - with me
contento/a - happy
contigo - with you
corran - run
corre - s/he runs
correr - to run
corres - you run
corrí - I ran
corría - s/he was running
corrieron - they ran
corrimos - we ran
corrió - s/he ran
corto - short
costaba - it cost
cristales - crystal beads
cruel - cruel
cruelmente - cruelly
curiosidad - curiosity
D.F. - Mexico City
de - of, from
de inmediato - immediately
de repente - suddenly
debajo - under
decoraciones - decorations

del - from the, of the
deliciosas - delicious
derecha - right
deshonesta - dishonest
desordenado/a - disorganized
después - after, then
detective - detective
diferencias - differences
diferente - different
difícil - difficult
dijo - s/he said
dinero - money
DJ - DJ
dólares - dollars
dónde - where
dormitorio - bedroom
dormitorios - bedrooms
dos - two
drogas - drugs
durante - for
egoísta - selfish, egoistical
él - he
el - the
elegante - elegant
eliminar - eliminate, kill
ella - she
ellas - they
ellos - they
en - in, at

enchiladas - enchiladas

enfrente - in front of

entonces - then

entramos - we enter

entrar - to enter

entraron - they entered

entró - s/he entered

era - s/he was

eran - they were

eres - you are

es - s/he is

escaleras - stairs

escapa - escape

escapamos - we escaped

escapar - to escape

escaparon - they escaped

escapaste - you escaped

escapé - I escaped

escapen - escape

escondieron - they hid

escribe - write

escribió - s/he wrote

escuela - school

ese - that

especial - special

especialmente - especially

esposa - spouse, wife

está - s/he is, it is

estaba - s/he was, it was

estaban - they were

estado - state

estamos - we are

están - they are

estás - you are

estudiante - student

estudiantes - students

etc - etc.

excelente - excellent

exclamó - s/he exclaimed

experta - expert

explicó - s/he explained

expresivos - expressive

extra - extra

fácil - easy

falsa - false

familia - family

familias - families

fantástico/a - fantastic

farmacia - pharmacy

fatal - bad, fatal

favorito - favorite

fiesta - party

final - end

finalmente - finally

flores - flowers

flotó - s/he floated

frente a - in front of

frustrada - frustrated

fruta - fruit
frutas - fruits
fue - s/he went
fueron - they went
furiosa - furious, mad
generoso - generous
gracias - thanks
gran - big
grande - big
grandes - big
grupo - group
guapo/a - good-looking
gustaba - it was pleasing, liked
gustan - they were pleasing, liked
gustó - it was pleasing, liked
hablamos - we talked
hablar - to talk
hablaron - they talked
hablé - I talked
hacia - towards
hasta - until
hermanos - siblings
hispana - Hispanic
historia - history
hola - hello
hombre - man
hombres - men
honesto - honest

hora - hour
hoy - today
humilde - simple, cheap
humillar - to humiliate
humilló - s/he humiliated
idea - idea
identidad - identity
identificar - to identify
ilegalmente - illegally
impaciente - impatient
importa - it matters
imposible - impossible
impresionar - to impress
increíble - incredible
información - information
informaron - they informed
informó - s/he informed
inglés - English
inmediatamente- immediately
inocente - innocent
insistió - s/he insisted
insultaba - s/he insulted
inteligente - intelligent
interesante - interesting
investigaba - s/he was investigating
invitas - you invite
invitó - s/he invited
ir - to go

izquierda - left

jeans - jeans

la - the

Lafayette - city in Colorado

largo - long

las - the

le - her, him

les - them

llama - s/he calls

llamaba - s/he was called

llamas - you call

llevaba - s/he was wearing

llevaban - they were wearing

llevas - you wear

loca - crazy

los - the

maleta - suitcase

mamá - mom

mano - hand

más - more

me - me

mensaje - message

menú - menu

mercado - marketplace

mesa - table

mexicano/a - Mexican

México - Mexico

mi - my

Michoacán - state in Mexico

micrófono - microphone

minuto - minute

minutos - minutes

mira - s/he looks

miraba - s/he was looking

miraron - they looked

miró - s/he looked

mis - my

misterioso - mysterious

mochila - backpack

momento - moment

Morelia - city in Michoacan

mortal - fatal

movió - s/he moved

muchas - a lot

mucho gusto - nice to meet you

mucho/a - a lot

muchos - a lot

murió - s/he died

música - music

muy - very

nada - nothing, at all

necesitaba - s/he needed

necesitamos - we need

necesitas - you need

negativo/a - negative

negro/a - black

nervioso/a - nervous

niña - girl

no - no

normalmente - normally

nos - us

notaron - they noted

notó - s/he noted

o.k. - o.k.

observó - s/he observed

ocho - eight

ojos - eyes

ordenó - s/he ordered

otra - other, another

otras - other

padres - parents

pánico - panic

pantalones - pants

papá - dad

para - in order to, for

parte - part

pasaba - it was passing

pasaban - they were passing

pasaron - they passed

pasó - s/he passed

pastel - cake

patio - patio

pegó - s/he hit

pelo - hair

pequeño/a - small

perfecto - perfect

permite - permit

permites - you permit

pero - but

personalidad - personality

personas - people

pies - feet

poco - a little

policía - police

policías - police officers

pollo - chicken

ponerte - to put on you

popular - popular

por - at, by, for, through

por favor - please

por qué - why

porque - because

posible - possible

posiblemente - possibly

posición - position

positivo - positive

prefería - s/he preferred

prefieres - you prefer

preguntas - you ask

preguntó - s/he asked

preparaba - s/he was preparing

preparar - to prepare

preparó - s/he prepared

presentó - s/he presented

primo - cousin

primos - cousins
princesa - princess
problema - problem
problemas - problems
productos - products
profesora - teacher
protestó - s/he protested
público/a - public
puesto - stand, stall
puestos - stands, stalls
puso - s/he put
que - that
qué - what
quería - s/he wanted
querían - they wanted
quién - who
quiere - s/he wants
quieres - you want
quiero - I want
quinceañera - 15th birthday party
quítate - take off
quitó - s/he removed
rápidamente - quickly
rápido - fast
realmente - really
relación - relation
repitió - s/he repeated
respetaba - s/he respected

respetaban - they respected
respetar - to respect
respeto - respect
respondió - s/he responded
restaurante - restaurant
restaurantes - restaurants
ridículo - ridiculous
románticamente - romantically
romántico - romantic
ropa - clothes
sábado - Saturday
salieron - they left
salió - s/he left
salir - to leave
salón - room
salsa - salsa
salta - jump
saltó - s/he jumped
se - herself, himself
se escondieron - they hid
se puso - s/he put on
se quitó - s/he took off
sección - section
secretas - secret
secreto - secret
segundos - seconds
señor - man, Mr.
señora - woman, Mrs.

señorita - Miss

separar - to separate

serio - serious

shock - shock

sí - yes

silencio - silence

similar - similar

sobre - about

sociable - sociable, outgoing

sofá - sofa

son - they are

soy - I am

su - her, his

subieron - they climbed, got in

subió - s/he climbed, got in

súper - super

sus - her, his

también - also

tarde - afternoon

taxi - taxi

taxis - taxis

taxista - taxi driver

te - you

teléfono - telephone

televisor - television

tener - to have

tengo - I have

tenía - s/he had

tenían - they had

Texas - a state in the U.S.

texto - text

tiara - tiara, crown

tiendas - stores

tiene - s/he has

tienes - you have

tíos - aunts and uncles

tocaba - s/he was playing

tocó - s/he played

toda - all, entire

todas - all

todos - everyone

tomar - to take

tomaron - they took

tomó - s/he took

tortillas - tortillas

tostadas - tostadas

trabajaba - s/he worked

trabajaban - they worked

trabajador - hard-working

trabajar - to work

trabajas - you work

tráfico - traffic

transporte - transportation

tres - three

triste - sad

tristes - sad

tu - your

tú - you
túnel - tunnel
tus - your
un - a, an
una - a, an
unas - some
uniforme - uniform
uniformes - uniforms
uno - one
unos - some
urgente - urgent
ustedes - you all

va - s/he goes
vamos - let's go, we are going
variedad - variety
vas - you are going
verde - green
vestido - dress
violentamente - violently
violento - violent
voy - I am going
y - and
yo - I
zapatos - shoes

Lafayette

El Paso, Texas

Ciudad Juarez

México, D.F.

Morelia

Notas

Themes and places for you to explore:

- Coming-of-age rituals and rites of passage
- Quinceañeras- tiara, changing from flat to high-heeled shoes, the extravagant dress, last doll, sponsors, godparents, photo shoots, court of honor, dance with father, cake, choreographed dance, catholic mass
- Chambelán, damas de honor
- Quinceañera- also refers to the birthday girl
- U.S. versus native country quinceañeras
- $5,000 average spent on U.S. quince parties
- Countries that celebrate quinceañeras- Mexico, Cuba, Dominican Republic, Nicaragua, Panama, Ecuador
- Quinceañera as ritualization of feeling that one belongs to the Hispanic community and celebrated as an entire community
- Birthday traditions- biting of cake, pushing face into

cake, piñata, multi-generational, las mañanitas song

- Marketplaces and stalls
- Ropa de mercado- derogatory term for clothing purchased in a marketplace
- Tianguis- open-air market in Mexico with origins from pre-Hispanic times
- Mexican family relationships- mother/daughter and father/daughter
- Flat roofs and their uses
- Mexican houses
- Importance of wearing designer clothing among Mexican youth
- Customs of buying new clothes for every event or party
- Estrenar- the Spanish verb for referring to clothes worn for the first time
- Public transportation modes- taxi, combi, city bus, bus station, long-distance bus

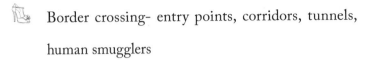 Border crossing- entry points, corridors, tunnels, human smugglers

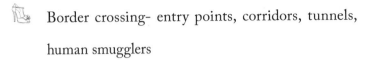 Morelia, Michoacán

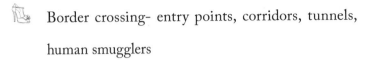 El Paso, Texas

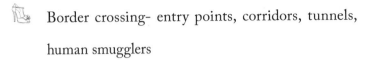 Ciudad Juárez, Mexico

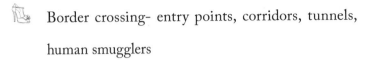 Lafayette, Colorado

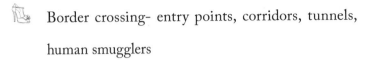 Colorado and its Hispanic history

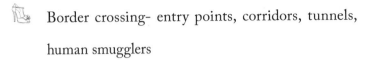 Drug cartels and narco violence

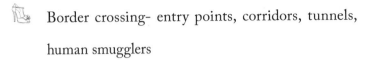 Cartels in Michoacan- la familia michoacana, los zetas, caballeros templarios

 Vigilante take-over of several towns in Michoacan during 2014

 Civil unrest in Michoacan- cartel activity, human trafficking

 Vigilantes who have taken up arms against cartels, Self-Defense Council (CAM)

 Mexican schools- uniforms, Monday assemblies,

patios, pledge to Mexican flag, large class sizes, quotas, teachers move from class to class, public vs. private

Honesty, jealousy towards people with money

Agradecimiento

Many thanks to Penelope Amabile, Alex Saldaña, Laura Zuchovichi, Mafer, Pablo Del Río, Edgar Godínez, Leticia Abajo, Chad Kohlmeyer, Manuel Cisneros, Andreas Beuschel, and to the following teachers whose students gave me valuable feedback: Cynthia Hitz, PJ Mallinckrodt, Laurie Clarcq, and especially to Nelly Hughes.

Photo by Audrey Imfeld

Sobre la autora

Mira Canion is an energizing presenter, author, photographer, stand-up comedienne, and high school Spanish teacher in Colorado. She has a background in political science, German, and Spanish. She is also the author of the popular historical novellas *Piratas del Caribe y el mapa secreto*, *Rebeldes de Tejas*, *Agentes secretos y el mural de Picasso*, *La Vampirata*, *Rival*, *Tumba*, *Pirates français des Caraïbes*, *La France en danger et les secrets de Picasso*, *El capibara con botas*, *El escape cubano* as well as teacher's manuals. For more information, please consult her website: **www.miracanion.com**